Verena Kast

Lass die Freude in dein Leben

Das Buch

Freude, das ist Lebendigkeit, Intensität, Leichtigkeit des Seins. Lass mehr Freude in dein Leben – das ist das Gegenprogramm Verena Kasts zum Stress, zum Druck, zur Langweile zu allem, was das Leben öde und schwierig macht. Freude macht Sinn. Sie ist Glück mit allen Sinnen. Freude lässt sich in ganz vielen Situationen erfahren und vor allem wiederbeleben. Freude steckt an. Sie wirkt sofort und hat keine Nebeneffekte. Ein kleines Buch mit großer Wirkung.

Lass die Freude in dein Leben

VERENA KAST

HERDER
FREIBURG · BASEL · WIEN

Herder spektrum Band 7183

Herausgegeben von Karin Walter

MIX
Papier aus verantwortungsvollen Quellen
FSC
www.fsc.org
FSC® C014496

www.herder.de

Umschlaggestaltung: wunderlichundweigand, Stefan Weigand
Umschlagmotiv: © nailiaschwarz – photocase.de

Satz: Arnold & Domnick, Leipzig
Herstellung: GGP Media GmbH, Pößneck

Printed in Germany

ISBN: 978-3-451-07183-6

Inhalt

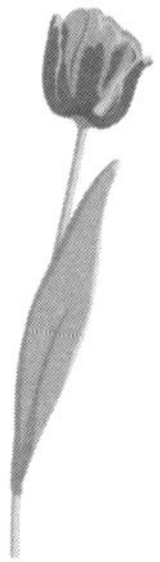

I.

Wie wir Freuden hervorlocken

Freuden, die einfach da sind

Wir Menschen können uns freuen. Sich freuen zu können, gehört zu unserer biologischen Grundausstattung; mit dieser Fähigkeit werden wir geboren, und sie wird im Laufe der Zeit durch die Beziehungen zu den Mitmenschen eingeübt, stimuliert oder gehemmt. Wer hätte nicht schon einen Säugling gesehen, der einen anstrahlt: Denn für einen jungen Säugling ist ein Gesicht eines Menschen eine Quelle der Freude, man strahlt zurück, was ein noch größeres Strahlen auslöst, vielleicht sogar ein Quietschen vor Freude: zwei Menschen haben sich hier zu verstehen gegeben, dass sie einander für „erfreulich“ halten, erfreuliche Menschen in einer erfreulichen Welt.

Wenn wir uns freuen, sind wir einverstanden mit uns selbst, mit der Mitwelt, mit dem Leben überhaupt – und das beschwingt uns, gibt uns Energie etwas anzupacken, allein, mit anderen zusammen: man hat einen Einfluss auf die Welt, kann etwas verändern. Das Leben ist erfreulich, die anderen sind erfreulich, es ist schön, etwas zu tun, etwas zu schaffen. Das heißt nicht, dass die Widerwärtigkeiten des Lebens ausgeblendet wären; aber man kann mit ihnen umgehen, oder sie treten für eine kurze Zeit in den Hintergrund.

Die Bedeutung der Freude wird unterschätzt: Freude gibt uns nicht nur ein gutes Selbstwertgefühl und ein gutes Lebensgefühl, sie gibt uns Schwung und wirkt gegen die negative Gestimmtheit. Die Freude ist auch eine Quelle: Die Freude an unserem Tun steht zu Beginn unseres Tuns – und wenn wir freudig etwas machen, erleben, dann wird mehr Freude daraus – und unsere Pflicht erfüllen wir darüber hinaus. Die Freude steht am Anfang, sie ist aber auch eine Begleitemotion von Tätigkeiten und Erfahrungen, die uns glücklich machen.

Freude bringt uns auch zu uns selbst, macht uns ruhig, wirkt gegen Stress. Nehmen wir uns die Zeit, etwas anzusehen, das für uns schön ist: wir beginnen uns zu freuen, und sind bei uns, und dennoch über uns hinaus mit der Welt so verbunden, ohne dass wir uns verlieren. Gelegentlich bleibt dann die Zeit stehen – wir sind einfach und

genießen. Und in der Folge davon sehen wir unsere Anforderungen wieder anders, sehen schwierige Situationen anders – wir sind wieder mutiger.
Woher die Freude nehmen? Da Freude zu unserer biologischen Grundausstattung gehört, ist sie vorhanden, war sie vorhanden in unserem Leben. Vielleicht haben wir sie zu wenig geschätzt, haben uns zu sehr der Ernsthaftigkeit des Lebens – ohne Freude – verschrieben. Ein fataler Irrtum – mit Freude kann man mindestens so ernsthaft sein – es ist dann nur alles etwas leichter, man ist besser verbunden mit den Mitmenschen, solidarischer, braucht weniger Angst zu haben.
Erfreulich ist, woran wir uns erfreuen, woran wir uns erfreut haben. Wenn wir damit in Kontakt kommen, dann kann uns auch heute wieder Freude erfüllen.

Strahlend, leuchtend, leicht

Das Gefühl der Freude erleben wir dann, wenn etwas besser ist als erwartet, uns mehr zukommt, als zu erwarten war. Wenn wir uns freuen, sind wir einverstanden mit uns, mit der Welt, mit den Mitmenschen.
In der Freude strahlen unsere Augen auf, Gesichter leuchten auf: In der Freude vermitteln Menschen den Eindruck von etwas Strahlendem, Leuchtendem, Lichtem. Die Bewegungen, die wir mit der Freude verbinden, sind Bewegungen zur Höhe und zur Weite hin: So gehen die Mundwinkel nach oben, wenn wir uns freuen oder wenn wir lächeln. Wir könnten vor Freude Luftsprünge machen oder wir werfen etwas hoch in die Luft. So wird deutlich, dass in der Freude ein Gegengewicht zur Erdenschwere und zur Dunkelheit ist. Freude suggeriert uns eine mögliche Verbundenheit mit etwas, das über uns hinausgeht.

Mehr als wir erwarten

Fast alles, was es gibt auf der Welt, kann auch Freude auslösen. Dabei ist zu beachten, dass es vor allem die kleinen Freuden sind, die uns den Alltag entscheidend verschönern und beleben können.
Bei einer Befragung stellte sich heraus, dass, statistisch gesehen, je nach Geschlecht und Alter andere Freuden dominierten.
Männer zwischen 30 und 40 erwähnten an erster Stelle die Freude an Leistung und Kompetenz. Die gleichaltrigen Frauen stellten an die erste Stelle die Freude an Erfahrungen in Beziehungen, besonders die Freude daran, bei anderen Menschen Freude ausgelöst zu haben. Bei Frauen steht die Freude an der Kompetenz und an der Leistung an zweiter Stelle, bei Männern die Freude an der Freude anderer Menschen an dritter Stelle. Freude wird weiter erlebt im Zusammenhang mit Essen, Trinken und Sexualität.
Arbeit, die herausfordert, aber nicht überfordert, löst dann, wenn man sich so richtig in sie vertiefen

kann, bei Jung und Alt eine stille Freude aus. Auch das „Finden“ ganz allgemein, geht es nun um das Erfinden von etwas oder um das Finden eines besonders günstigen Angebots, löst viel Freude aus und scheint weder geschlechts- noch altersabhängig zu sein. Dies gilt auch für Situationen, in denen man Geschenke macht und Geschenke bekommt, besonders dann, wenn es unerwartet geschieht. Damit in engem Zusammenhang steht die Freude am Wachsen und Werden von Menschen, von Ideen, von Zusammenarbeit usw. Das Erleben von Freude hat deutlich etwas damit zu tun, dass wir „mehr“ bekommen oder erleben, als eigentlich vorauszusehen war. Für ältere Befragte stand die Freude an der Natur, am Wachsen, am Grünen, die Freude an der Kultur, an Schönheit, die Freude am Austausch mit anderen Menschen im Vordergrund. Auch die Abwesenheit von Schmerz, nachdem dieser lange dominiert hat, kann als Freude erlebt werden.

Es geht also darum, bei sich selbst im Leben herauszufinden, wo und wann wir am meisten Freude empfinden können oder auch empfunden haben.

Grenzen überschreiten

Wenn wir uns freuen, dann fühlen wir in uns eine Wärme aufsteigen. Sie ist meistens körperlich erfahrbar und ihr entspricht auch eine seelische Wärme. Die Freude lässt uns offener und lebendiger werden. Das Selbstgefühl, das wir bei der Freude erleben, ist ein Gefühl des selbstverständlichen Selbstvertrauens, das daraus resultiert, dass wir im Moment der Freude uns selbst, die Innenwelt, die Mitwelt akzeptieren können, wie sie sind, weil uns mehr zugekommen ist als wir erwartet haben. Zu diesem selbstverständlichen Selbstvertrauen gehört, dass man sich bedeutsam fühlt, ohne dass man auch bedeutsam sein muss. Dieses selbstverständliche Selbstvertrauen, das wir als Menschen im Zustand der Freude erleben, lässt uns offen werden: Auch hier erscheint wieder ein Aspekt der Transzendenz: Wir müssen unsere Ich-Grenzen nicht stur behaupten, wir können sie öffnen. In der Freude sind wir nicht misstrauisch, manchmal allerdings naiv. Wir erwarten in der Tat nichts Böses. Tritt das Böse dann doch ein, dann fühlen wir uns sehr verletzt. Man kann sich vor diesen Verletzungen schützen, indem man die Freude nicht mehr zulässt. Das ist jedoch ein teurer Schutz. In der Freude vertrauen wir. Wir müssen uns nicht entschließen zum Vertrauen – wir vertrauen einfach – und gelegentlich, das wirft man den freudigen Menschen ja auch vor – verbrüdern und verschwestern sie sich zu leicht. Erfasst von der Emotion der Freude verhalten wir uns solidarischer.

Kinderfreuden

Vielen Menschen werden schon in der Kindheit bestimmte Erfahrungen von Freude verdorben. In der Weise, wie uns die Freuden als Kind verdorben worden sind, verderben wir sie später auch anderen. Wenn wir uns dessen aber bewusst geworden sind, dann können wir etwas dagegen unternehmen. Und glücklicherweise haben Kinder jedoch auch immer geheime Freuden, die, da nicht sichtbar, nicht verdorben werden können. Auf diese Freuden, die tatsächlich erlebt wurden, kann man später bewusst zurückgreifen.

Ein kleiner Freudenaktivator

Um Freuden in der vorstellungsbezogenen Erinnerung wieder zu reaktivieren, ist es unwichtig, präzise nach ihnen zu fragen. Was hat Ihnen gestern / heute Freude gemacht?
Wie hat es sich angefühlt?
Wie hat es auf Ihre Stimmung gewirkt?
Hat sich dadurch Ihr Verhalten verändert?
Und: Worauf freuen Sie sich?

Mit allen Sinnen empfinden

Besonders Erfahrungen mit dem Körper können viel Freude auslösen: die Freude an der Bewegung, die Freude am Genießen mit allen Sinnen, die wir haben, die Freude an körperlicher Nähe. Werden uns diese Freuden in der Kindheit verdorben, bewirkt das nicht nur, dass wir wenig freudig sind und unsere Lebensfreude beeinträchtigt ist. Auch das Selbstwertgefühl leidet darunter. Gerade Kinder können Erwachsene mit ihrer oft noch ungehemmten Freude anstecken. Lassen diese sich dann anstecken und wenden sich in der Folge dann mit einer freudigen Resonanz den Kindern wieder zu, verstehen diese sich als „erfreuliche Wesen“, ihr Selbst, ihr Selbstgefühl und ihr Selbstwertgefühl werden gestärkt.

Inseln der Freude

Alle Menschen haben Erfahrungen im Leben, die Freude auslösen. Alles, was es auf der Welt gibt, kann Freude bewirken. Die Frage ist, was in unserem Leben, zum jetzigen Zeitpunkt, in jetzigem Alter, am meisten Freude auslöst. Es lohnt sich durchaus, einmal eine Liste von Erfahrungen, Dingen, Situationen zu machen, die eine auch körperlich erlebbare Freude auslösen. Befragt man verschiedene Menschen, was bei ihnen Freude auslöst, so zeigt sich ein sehr weites Spektrum. In den vorderen Rängen sind besonders bei jüngeren Menschen die Freude an der Kompetenz, die dann oft mit Stolz verbunden ist, aber auch die Freude daran, anderen Menschen eine Freude zu machen. Ganz wichtig ist vielen Menschen auch die Freude am Finden ganz allgemein, ob es nun um das Erfinden von etwas geht oder um das Finden von einem Schnäppchen, die Freude am Entstehen von etwas neuem, am Wachsen der Kinder, aber auch die Freude an Gesprächen in Gruppen, bei denen wirklich etwas Neues entsteht. Die Freude am Naturerleben und an der Schönheit scheint mit zunehmendem Alter immer wichtiger zu werden.

Eine solche Liste eigener Freuden, die durchaus über einen langen Zeitraum geführt werden kann, ist vermutlich mit vielen „kleinen Freuden“ gefüllt, denn die machen unsere Lebensqualität aus. Dadurch wird uns bewusst, was uns denn mit Freude erfüllt, und wir können diese Situationen auch bewusst aufsuchen. Das tun die meisten Menschen auch ohne eine solche Liste, aber mit ihrer Hilfe bemerkt man, dass es in unserem Alltag viel mehr Quellen der Freude gibt, als wir so gemeinhin annehmen.

Vorfreude

Die Vorfreude ist eine ganz besondere Freude. Vorfreude lebt in der Zukunft und damit auch in der Vorstellung, sie lebt auch von der Zukunft. Und so ist sie anders als die „normale“ Freude, die in einer bestimmten Situation aufbricht und aufleuchtet, in dem jeweiligen Moment wahrgenommen werden muss, und die wir dann in der Erinnerung immer wieder neu wiederbeleben können. Die Vorfreude stammt aus einer Imagination, sie wird genährt aus Sehnsüchten, Wünschen, Erwartungen, etwas gedämpft durch schlechte Erfahrungen.

In der Vorfreude sind wir im Erleben der Fantasie bereits dort, wo eine Erwartung erfüllt wird. Der Anlass, der Freude auslösen wird, wird als fast sicher eintretend vorgestellt oder auch richtig herbeifantasiert. Die Vorfreude tritt dann ein, wenn wir fast sicher sind, dass sich unser dringendster Wunsch, unsere Sehnsucht, unsere Erwartung erfüllen wird. In der Vorwegnahme von einem Ereignis, von dem wir uns große Freude versprechen, haben wir viele Freiheitsgrade. Wir können ein künftiges Ereignis gerade so ausmalen, dass es uns große Freude machen wird. Damit kann die Vorfreude allerdings auch zu einer Quelle großer Enttäuschung werden. Tritt das Erwartete nämlich nicht ein oder anders, als man es sich vorgestellt hat – und das ist meistens so –, dann sind wir enttäuscht, wir empfinden Scham- oder Schuldgefühle, auch Gefühle der Trauer, denn wir haben etwas verloren, was unserem Leben eine Richtung und einen Inhalt gegeben hat, auch wenn es noch nicht realisiert worden ist. Eine unerfüllte Erwartung müsste betrauert werden.

Die Vorfreude ist für Menschen sehr wichtig: in ihr kommt eine Sehnsucht zum Tragen, die uns aus dem Alltag heraushebt, beschwingt, befeuert, ermutigt …

Gelegentlich wird es als weise bezeichnet, die Vorfreude zu kontrollieren, sie nicht zu groß werden zu lassen. Damit will man einer möglichen Enttäuschung zuvorkommen. Die Enttäuschung wäre dann allerdings nicht so groß, wäre es uns klar, dass die Vorfreude für sich allein gesehen werden

muss, ungeachtet dessen, ob eintrifft, was man sich ausgemalt hat oder nicht. Die Vorfreude jedenfalls kann uns niemand nehmen – sie kann aber auch, falls wirklich etwas wesentlich besser als erwartet ausgeht, nicht nachgeholt werden.
Die Vorfreude ist eine mutige Freude, auch sie ist getragen von der Hoffnung in ein gutes Schicksal oder zumindest vom Vertrauen in die eigene Fähigkeit, auch mit Enttäuschungen kompetent umgehen zu können. Die Vorfreude lebt von unserer Vorstellungskraft: Wir stellen uns die künftigen Ereignisse so vor, dass sie uns mit großer Freude erfüllen werden.

Die beste aller Freuden

Die Vorfreude ist eine besonders intensive. Sie ist verbunden mit einer etwas ängstlichen Erwartung, ob es denn auch so kommen könnte, wie man es sich in der Vorstellung ungehindert ausmalt. Oder man meint zumindest, dass niemand einem die Vorfreude nehmen kann, auch wenn das Ersehnte nicht eintrifft oder vermutlich in einer anderen Form eintrifft, als man es sich ausmalt. Die Vorfreude, diese erregte Freude, bezieht ihre spezielle Qualität gerade daraus, dass sie nur in der Imagination dieses „besser, als zu erwarten ist" ausmalt. Sie zeigt damit aber sehr deutlich, wie denn unsere Wünsche aussehen könnten. Wer den Gewinn aus der Vorfreude ziehen kann, wird die Vorfreude als die beste aller Freuden bezeichnen. Wer in der Vorfreude Erwartungen konstruiert, von denen er oder sie denkt, dass sie auch ganz und gar erfüllt werden müssen, wird diese Freude als riskanteste der Freuden zu vermeiden wissen oder ständig enttäuscht sein. Sicher, das Realitätsprinzip ist auf

der Seite der zuletzt genannten, aber nicht die ungefährliche Lust am Leben.
Also: Wo sind die Vorfreuden? Es gibt auch ganz ungefährliche Vorfreuden: etwa, wenn man ich darauf freut, dass es bald wieder Spargel geben wird, dass der See warm genug zum Schwimmen sein wird oder dass man sich einen schönen Blumenstrauß aussuchen wird.

Sich das Schöne und Gute vorstellen

In der Vorfreude wird unsere Vorstellungskraft aktiv. Wir stellen uns vor, was uns große Freude machen würde, wir imaginieren eine Situation, die Freude verspricht. Schon das allein ist viel wert. Wir erlauben es uns – zunächst fast unkontrolliert –, uns unsere Wünsche, unsere Begehren als erfüllt vorzustellen. Diese sind getragen von der Hoffnung auf das Bessere, eine Hoffnung, die die Menschen bis zum Tode auszeichnet. Natürlich gibt es Vorlagen, auf denen wir unsere Vorfreude entwickeln: Das sind zum Beispiel Erzählungen von anderen Menschen, aber auch Filme, Romane, jedoch auch alltägliche Erzählungen von Mitmenschen über die Ereignisse, auf die wir uns so sehr freuen. Sogar dann, wenn diese Erzählungen den Aspekt der Enttäuschung mit berücksichtigen, schreckt uns das nur wenig. Wir sind überzeugt: Bei uns wird es besser sein, wir werden die Enttäuschung zu vermeiden wissen. Auch unsere eigenen Erinnerungen spielen bei der Vorfreude eine große Rolle. Und solche Erinnerungen können dann noch etwas geschönt werden. So verbinden sich unsere Wünsche und Sehnsüchte mit etwas geschönten Erzählungen und Erinnerungen, und erfüllen uns in der Imagination des Kommenden mit Freude.

Die Vorfreude hat in sich einen Wert, und zwar ungeachtet davon, ob sich erfüllt, was in der Vorfreude vorgestellt wurde. Die Vorfreude kann uns niemand mehr nehmen.

Die eigene Freudenbiografie entdecken

Es geht darum, diese Emotion immer wieder zu finden und zu erweitern. Situationen, die Freude ausgelöst haben, müssen dazu immer wieder in der Erinnerung zurückgeholt werden, man muss sie sich immer wieder ins Gedächtnis rufen und sie auch auskosten. Viele Freuden werden mehr, wenn man sie mit anderen Menschen teilt, vorausgesetzt, diese sind nicht neidisch und müssen einem die Freude nicht verderben. Kann man Freude teilen, dann ist es doppelte Freude. Dann gewinnt man Freude durch Ansteckung. Emotionen sind ansteckend: Es ist zum Beispiel sehr schwierig, sich bei ärgerlichen Menschen aufzuhalten und dabei selber nicht ärgerlich zu werden. Mit der Emotion Freude könnte man sich bei freudigen, heiter gestimmten Menschen anstecken: Es ginge also darum, sich von freudigen Menschen, aber auch von Texten, die Freude bereiten, oder von Musik, bei der es uns kalt den Rücken hinunter-

läuft, anstecken zu lassen. Auch Träume können, besonders wenn sie imaginativ ausgearbeitet werden, nicht nur auf Konflikte hin befragt werden, sondern auch auf Situationen, die Freude auslösen. Und diese Situationen dürfen ausgekostet werden. Und wenn das zu wenig ist: Es gibt darüber hinaus die Methode der „Selbstansteckung“ durch die Rekonstruktion der Freudenbiografie.

Dabei versucht man, sich die bedeutsamen Freudensituationen in verschiedenen Lebensaltern vorzustellen, etwa dadurch, dass man sich mit einer imaginativen Technik in die Körperbewegungen des Vorschulkindes oder des Schulkindes einfühlt, besonders natürlich in Körperbewegungen, die Freude gemacht haben. Man kann sich die Situation wie einen Film vorstellen oder in die Haut des Kindes schlüpfen. Gefragt wird nach der Emotion der Freude, auch nach freudigem Stolz. Werden solche Imaginationen der Freude erzählend, etwa in einer Gruppe ausgetauscht, werden weitere Erinnerungen wach. Meistens werden dann auch spätere Erinnerungen zugänglich. Fallen spontan keine weiteren freudigen Erlebnisse aus dem eigenen Leben ein, kann man die Chronologie zur Hilfe nehmen: Was hat Freude ausgelöst, als man etwa zwölf Jahre alt war? Auch die Vorfreude ist anzufragen. Die Vorfreude ist eine besonders intensive Freude, da sie auch mit Neugier und Unsicherheit gekoppelt ist.

Wahrnehmen, was geglückt ist im Leben

Durch solche Rekonstruktion und vielleicht noch öfter durch die Konstruktion der Freudenbiografie kommt man in Kontakt zu sich selbst als auch freudigem Menschen. In der Erinnerung wird die Freude wieder belebt. Damit werden Situationen erneut lebendig, in denen man mit sich und mit der Welt einverstanden war, in denen das Leben besser als zu erwarten war, in denen man bereit war, sich zu öffnen und mit anderen zu teilen. Wir fühlen uns ganz, im Modus des Verbundenseins mit anderen Menschen, in einem Welterleben, das uns das Leben in seiner unerwarteten Fülle auch zeigt. Wir können gönnend sein, brauchen nicht geizig auf unserem zu beharren, nicht neidisch anderen Menschen ihr Glück missgönnen.
Durch das Erstellen einer Freudenbiografie werden wir auch für die aktuellen Erfahrungen von Freude sensibilisiert, können sie stärker wahrnehmen, achtsamer sein und sie auch mehr genießen.

Auf diese Weise kann man erlebte Freuden wieder reaktivieren: Sie sind eine wichtige Ressource, möglicherweise verbessern sie sogar unsere Immunabwehr. Vor allem aber hilft die emotionale Erinnerung an Freuden auch, das Leben nicht nur mit den Schwierigkeiten, sondern auch im Geglücktsein wahrzunehmen.

II.

Was Freuden mit sich bringen

Dankbar sein

Wo wir uns freuen, können wir auch Gefühle der Dankbarkeit hervorrufen. Ich freue mich an einem Gedicht, das mir einmal wichtig war und das ich wiedergefunden habe. Ich bin dankbar – nicht einem bestimmten Menschen –, sondern unserer Kultur, in der es Gedichtsammlungen gibt, meiner Intuition vielleicht, die richtige Seite aufgeschlagen zu haben.

Wir sind Menschen dankbar, denen wir etwas verdanken, von denen wir etwas bekommen haben – es muss nicht viel sein: Ein aufmunterndes Wort im richtigen Moment, eine anregende Idee, eine Ermutigung. Andere Menschen, die uns lange ertragen haben und uns nie das Gefühl gegeben haben, wir seien unerträglich: Sie haben sich unsere Dankbarkeit redlich verdient. Meistens drücken wir unsere Dankbarkeit nicht aus, nehmen sie vielleicht auch nur am Rande wahr. Zwar bedanken wir uns oft, weil es die Höflichkeit gebietet, aber dieses überströmende Gefühl der Dankbarkeit,

das uns erfassen kann, denken wir etwa an einen Menschen zurück, der auf unserem Weg wichtig war, ist noch einmal etwas ganz anderes:
Es macht uns froh, erfüllt uns mit Freude und es vermittelt uns die Erfahrung für einen Moment oder für eine längere Zeit von einem Menschen etwas erhalten zu haben, das unserem Leben einen Halt, eine Richtung, eine Begeisterung geben konnte. Es ist mehr, als zu erwarten war. Es war sogar überhaupt nicht zu erwarten, es ist freiwillig gegeben worden, weil der andere Mensch so ist, wie er ist: Etwa der begeisternde Lehrer, der in einem selbst die Begeisterung geweckt hat. Und es hat eine nachhaltige, fördernde Wirkung auf unser Leben.

Gönnender sein

Welchen Menschen ist man wofür dankbar? Wofür, wenn sie noch leben, möchte man sich bedanken, wenn sie dann den Dank auch annehmen? Die Übung der Dankbarkeit bereichert ungemein. Man ruft nicht nur die Erinnerung an gönnende, freigiebige Menschen hervor, sondern man erlebt sich auch selbst als gönnender, freigiebiger Mensch, indem man diese Erinnerungen gestaltet. Und man erlebt sich als einen Menschen, dem vieles auch einfach geschenkt worden ist. Und vielleicht wird man auch noch etwas gönnender anderen gegenüber für den Rest des Lebens.

Das Leben als reich erfahren

Aber nicht nur anderen Menschen gegenüber erlebt man Dankbarkeit, sondern auch Situationen gegenüber: Man ist etwa dankbar, dass man an einem Ort schreibt, der unbeschreiblich schön ist, dass es überhaupt so viel Schönes gibt auf dieser Welt, dass es Kunstwerke gibt, die einen zutiefst berühren, Bücher, die einen anregen und aufregen. Man ist dankbar, dass man an einem Ort wohnt, wo kein Krieg ist, dankbar, dass man in einer Zeit lebt, in der man an einer Infektion nicht so leicht stirbt.
Diese Dankbarkeit erleben wir, wenn wir nicht alles als selbstverständlich ansehen, sondern die Fähigkeit ausgebildet haben wahrzunehmen, was denn bereichernd ist in diesem Leben – und das ist sehr viel. Diese Erfahrungen von Dankbarkeit können sich über das ganze Leben legen: Nicht dass es nicht Schwieriges und Schmerzhaftes gegeben hätte, aber eben auch unverhofft Gutes, Schönes, Bezauberndes. Erfahrungen, die unsere Seele weit gemacht haben.

Das Wahrnehmen der Dankbarkeit, das Ausdrücken der Dankbarkeit, bringt uns dazu, das Leben, auf das wir zurückblicken, auch als reich zu erfahren und die Zukunft, vor der wir stehen, als immer noch voll Möglichkeiten für Erfüllung verschiedenster Art.

Zärtlich auf andere schauen

Zärtlichkeit ist Ausdruck von Achtsamkeit, Verfügbarkeit und Zuverlässigkeit in der Beziehung und gleichzeitig auch Ausdruck von nicht zupackender, sondern umhüllender Liebe, eine Haltung, die auch das Zarte im anderen Menschen und in sich begreift und es dem anderen Menschen auch erlebbar macht, aus ihm oder aus ihr herausliebt, und dieses Zarte auch schützen will, auch vor dem eigenen harten Zugriff. Zärtlichkeit kümmert sich um das Zarte und auch um das, was werden will, um das Neue. Zärtlichkeit in Beziehungen weist daraufhin, dass immer noch die Hoffnung besteht, dass Neues werden kann, das Staunen auslöst und Hege- und Pflegeimpulse weckt.

Achtsam mit anderen umgehen

Mit Achtsamkeit meine ich, dass Freundinnen einander sehen, wahrnehmen, Zuwendung geben, Gefühle der Zuneigung ausdrücken und auch annehmen, Mitgefühl haben und auch ausdrücken, aber auch ihre emotional echte, offene Reaktion auf eine Situation geben, Kritik üben im besten Sinne, nämlich auf eine mögliche Verbesserung der Situation hin bezogen, nicht im Sinne des Entwertens aus einer Konkurrenzsituation heraus.
Es geht darum, die andere zu sehen und gesehen zu werden, möglichst so, wie jede ist. Gesehen zu werden, nicht durch einen Filter von Erwartungen oder schon enttäuschter Erwartungen, bestärkt aktuell das Gefühl der Identität, gibt das Gefühl, da zu sein, wirken zu können und auch eine Daseinsberechtigung zu haben. Sehen und gesehen zu werden bedeutet, den anderen Menschen auch in dem zu sehen, was unseren Erwartungen gerade nicht entspricht, uns vielleicht überrascht oder auch verärgert. Zur Achtsamkeit gehört Respekt

vor der Persönlichkeit des anderen, Respekt vor seinen individuellen Gefühlen und den daraus erwachsenden Haltungen und Handlungen, Achtung für den anderen Menschen. Achtsamkeit ist so besehen eine Werthaltung, die dem Dominieren und über einen anderen Menschen Bestimmen entgegensteht, und dennoch den anderen Menschen achtet, und auch in sich selbst gegen die Haltungen des Bestimmens und Dominierens ankämpft.

Kleine Gesten der Freundlichkeit

Gesten, die Beziehung ausdrücken – etwa das vierblättrige Kleeblatt für den Gang ins Krankenhaus zu einer gefährlichen Operation, eine liebevolle Aufmerksamkeit, ein warmes Essen zur richtigen Zeit, ein Gedicht auf dem überfüllten Schreibtisch –, sind nicht schmückendes Beiwerk, der spielerischen Natur der Freundinnen entsprungen, das sind Wegmarken einer kultivierten Beziehungslandschaft. Es ist eine wenig beachtete Kultur aus Betroffenheit heraus erschaffen, nicht für die Ewigkeit gedacht – und doch von allergrößter Wichtigkeit für eine Lebensatmosphäre, in der man sich wohlfühlen kann.

Diese Form der Alltagskultur steht selbstverständlich neben allen anderen Werken der Kultur, die Menschen schaffen, aber sie müsste auch als eine Form der Kultur verstanden werden, als eine Form der Beziehungskultur.

Verlässlich sein

Auch wenn Beziehungen immer wieder gelassen und neu aufgenommen werden müssen, etwa, weil man den Arbeitsplatz zu rasch wechseln muss, ist es wichtig, verlässlich zu sein, einander ein verlässliches Echo zu geben. Das können wir nur, wenn wir mit den Gefühlen im Kontakt stehen und uns sensibel auf den anderen Menschen einstellen.

Es braucht Achtsamkeit, die sich auf den anderen Menschen und auf sich selber richtet, und nicht sosehr das Schielen nach der Nützlichkeit eines anderen Menschen. Das kann am leichtesten gelernt werden, wenn wir uns in andere Menschen einfühlen, uns auf den Standpunkt eines anderen Menschen einlassen, uns in einen anderen Menschen hineinversetzen. Die Wünsche, die wir Menschen haben, gleichen sich nämlich.

Sich selbst überschreiten

Die Erfahrung von Freude aktuell oder aktuell in der Erinnerung kann zu einer wichtigen spirituellen Erfahrung werden.

Wenn wir uns freuen, schaffen wir uns eine ganz andere Welt, als wenn wir ärgerlich sind. In der Freude erzählen wir auch von uns ganz andere Geschichten, eben Freudengeschichten. Das sind Geschichten von selbstverständlichem Selbstvertrauen, von Bedeutsamkeit, auf der man nicht beharren muss, von Offenheit und der Möglichkeit des Sich-Öffnens, von einem Selbstgefühl der Vitalität und der Kompetenz, mit dem Leben umgehen zu können, von Lebensenergie. Es sind Geschichten, die meistens von Nähe zu anderen Menschen geprägt sind, von Großzügigkeit, von der Überzeugung, miteinander Lösungen zu finden. Freude ist eben die grundlegende Emotion für Verbundenheit und Solidarität.

III.

Warum wir uns trotzdem freuen können

Verzeihen können

Immer einmal wieder entzweit man sich mit Menschen: Man hat mit ihnen einen Konflikt, einen Streit. Man ist übervorteilt worden, beschämt, betrogen, empfindet einen Angriff als ungerecht, ist enttäuscht, weil der andere Mensch nachlässig war. Oder aber man ist neidisch und gerät aus Neid, den man vielleicht maskiert, in Distanz zum anderen Menschen, man greift selber an, ist gemein, entwertend. Gerade zwischen Menschen, die sich gegenseitig wichtig sind, entstehen viele Situationen, die zu Verstimmung, Ärger, Streit, Entzweiung und Distanz führen. Es ist unter Menschen unmöglich, sich nicht gelegentlich zu streiten. Das Streiten hat sogar einen tiefen Sinn und kann das menschliche Zusammenleben wesentlich verbessern: Wenn wir gut streiten, dann wissen wir, was unsere Position ist und wie wir für sie und damit für uns selber einstehen wollen. Natürlich geht das nicht ohne Kompromisse ab: Aber wenn jede und jeder besser weiß, was für sie oder für ihn in einer bestimmten Situation besser ist, und auch dafür einstehen kann, wird das Zusammenleben für alle befriedigender. Wenn wir aber nur streiten, werden wir uns mit allen Menschen zerstreiten, wir werden einsam und dadurch geschwächt. Wir werden uns mit den anderen Menschen und dem Leben verfeinden, statt uns damit zu befreunden. Und dadurch verlieren wir Lebensqualität. Wenn es also sinnvoll ist zu streiten, dann müssen wir auch lernen, einander zu verzeihen und uns wieder zu versöhnen.

Wenn wir uns ärgern

Was die Selbsterhaltung und die Selbstentfaltung, und zwar körperlich, psychisch und sozial, stört oder beeinträchtigt, also minimiert, das löst unter anderem Ärger und Wut aus, besonders dann, wenn man die Störung oder die Beeinträchtigung als böswillig oder mutwillig erkennt, und auch dann, wenn die Beziehung zu dem Menschen, der oder die den Ärger auslöst, oder die betreffende Situation uns besonders wichtig sind. Unser Ärger ist größer, wenn eine Situation wenig beeinflussbar ist, wir uns ausgeliefert fühlen. Es ärgern uns natürlich nicht nur die Menschen, sondern auch Situationen können ärgern. Eine große Ärgerquelle zum Beispiel ist Lärm oder eine Beleidigung unseres ästhetischen Empfindens, etwa wenn an der Stelle einer wunderbaren Meersicht plötzlich ein hässliches Haus steht.

Der Ärger energetisiert uns und macht uns mehr oder weniger dringlich darauf aufmerksam, dass etwas in unserer Selbstentfaltung oder in unserer

Selbsterhaltung in Beziehung zu anderen Menschen und zur Welt nicht mehr stimmt, dass wir unsere Grenzen neu definieren oder anders mit ihnen umgehen müssen. Das bedeutet aber auch, dass der Ärger unabdingbar zum Menschsein gehört, bei dem es immer um Selbstbehauptung und um ein Aufgehobensein in einem Wir geht.

Was wir am liebsten tun würden

Ärgervorstellungen sind mehr oder weniger visuell sichtbare Bilderfolgen, Imaginationen, manchmal auch Geschichten, die wie Filme vor unserem inneren Auge ablaufen. In diesen Ärgerfantasien stellt man ich vor, was man jetzt am liebsten tun würde. Und das, was wir am liebsten tun würden, ist meistens nicht sehr salonfähig. Daher folgt oft sofort eine kognitive Bewertung. Wenn man z. B. in der ersten Wut sagt: „Ich würde ihn jetzt am liebsten umbringen", dann verwirft man diesen Gedanken rasch, denn die Ausführung kommt für uns nicht in Frage. Aber eingefallen ist es eben in dieser Situation der Wut dennoch.

Die Energie des Ärgers nutzen

Ärger belebt. Wenn Ärger und Aggression gehemmt werden, nehmen wir uns ein Stück Lebendigkeit weg. Deshalb ist es auch sehr wichtig, dass wir uns nicht erlauben, nur zu nörgeln. Wenn wir nörgeln, dann sind wir zwar etwas verärgert, aber wir lassen den Ärger nicht wirklich zu, und infolgedessen werden wir auch nichts verändern, wir sind nur immer etwas ärgerlich verstimmt. Nörgeln ist destruktiv und blockiert uns. Wir müssen lernen, uns entweder mit einer Sache einverstanden zu erklären, oder kundig unzufrieden zu sein, so dass wir den Ärger wirklich nützen können, um Situationen zu verändern.

Will man konstruktiv mit Ärger und Aggression umgehen, so gilt es, nicht nur das Lästige am Ärger zu sehen, auch wenn es sehr lästig sein kann, nicht nur das Destruktive zu sehen, das mit ihm in Zusammenhang stehen kann, sondern den Impuls, mit sich und mit den anderen neu und verantwortlich umzugehen.

Es soll etwas wieder in Ordnung kommen

Der Sinn des Ärgers ist es, Situationen zu verändern, dass Selbsterhaltung und Selbstentfaltung immer wieder neu ermöglicht werden können, so gut das eben geht, im Dialog mit einem du, das genau dasselbe anstrebt. Im Ärger steckt auch die Energie, diese Veränderungen anzugehen.

Ärger energetisiert uns, wir sind gespannt, wir sind erregt, wir haben das Bedürfnis, unsere Erregung zu regulieren, „Dampf ablassen“, deshalb wollen wir uns bewegen, schreien usw., damit wollen wir unserem Gegenüber aber auch mitteilen: Etwas ist nicht in Ordnung, soll wieder in Ordnung gebracht werden. Der Ärger kann aber auch in ein Gefühl der Ohnmacht münden, je nachdem, wie viel Angst und welche Fantasien damit verbunden sind.

Elegante Strategien entwickeln

Ein junger Mann erzählte in diesem Zusammenhang, er habe sich sehr geärgert, weil ein Kollege seinen Vorschlag, wie ein freier Abend gestaltet werden könnte, als „kindliches Vergnügen“ abgetan hätte. Zuerst habe er daran gedacht, ihm die Senfsauce über die ondulierten Haare zu schütten, da sei ihm eingefallen, dass er sich auf keinen Fall so gekränkt zeigen könne. Er habe sich dann dazu entschlossen, ihn nicht mit seinem Auto nach Hause zu bringen, diesen Gedanken verwarf er ebenfalls, und er entschloss sich, einfach jeden noch so blöden Vorschlag von diesem Kollegen enthusiastisch aufzunehmen, aber keinerlei Arbeit dafür zu übernehmen. Aus der Ärgerfantasie wurde eine relativ elegante Rachehandlung.

An den Quellen der Freude

Ressourcen finden wir dort, wo uns etwas ganz wichtig ist im Leben, etwas, das uns Lebensqualität ermöglicht, etwas, das uns Freude macht, uns interessiert. Ressourcen finden wir auch in unseren Träumen und in unseren Fantasien. Dabei sind gerade unsere Fantasien im Zusammenhang mit Entzweiung und Versöhnung wichtig. Wir sind ihnen bis jetzt eher begegnet im Sinne von Vorstellungen über die Absichten der Menschen, die uns Übles tun, auch in den elaborierten Ärgerfantasien. In unserer Vorstellung können wir Konflikte abbilden, uns aber auch Lösungen ausmalen, Strategien der Versöhnung. Wir können uns auch Erlebnisse und Erfahrungen mit Konflikten in Erinnerung rufen, die in uns damals ein Gefühl der Kompetenz und der Befriedigung, ein Wohlgefühl bewirkt haben. Wir können uns in der Fantasie auch Situationen wieder bewusst machen, in denen wir uns versöhnt haben, und damit auch die Gefühle, die das Sich-Versöhnen mit sich bringt, wieder beleben. Indem wir uns daran erinnern, holen wir uns diese Gefühle wieder zurück – und diese machen uns zufriedener, geben uns ein besseres Selbstgefühl und ein besseres Selbstwertgefühl

Grenzen akzeptieren

Werden wir Menschen über Gebühr gebremst, wenn wir die Grenzen unseres bisherigen Lebens erweitern wollen, wenn es uns darum geht, neue Lebensthemen zu verwirklichen, kreativ zu sein, zu spüren, dass man in diesem Leben durchaus auch eine Wirkung hat und diese Selbstwirksamkeit zu spüren, reagieren wir ärgerlich.
Aber auch, wenn die Welt nicht so will, wie wir es wollen, werden wir ärgerlich: Dinge, die nicht zu ändern sind, eine Zugverspätung, ein Computer, der gerade im falschesten Moment „streikt". Auch hier werden wir auf unsere Grenzen zurückgeworfen: Wir müssen Grenzen akzeptieren und auch Abschied nehmen von unserer Selbstbezogenheit …
Der Sinn des Sich-Ärgerns besteht darin, aufmerksam dafür zu werden, dass wir unsere Grenzen verteidigen, erweitern, neu definieren – oder einfach akzeptieren müssen.

Sich versöhnen können

Was heißt es, zu verzeihen und sich zu versöhnen? Wie kann es gelingen? Warum ist es so schwierig? Wann kann es falsch sein, sich zu versöhnen? Zu verzeihen und sich zu versöhnen ist manchmal ein langwieriger Prozess, der aber zu einer größeren Freiheit führt und uns aktiv unser aktuelles Leben gestalten lässt. Dieser Prozess lässt uns nicht der Vergangenheit verhaftet bleiben, sondern führt dazu, dass es uns gelingt, immer wieder die Opferpositionen, in die wir hineingeraten, zu überwinden und selbstwirksam zu werden.

Verzeihen, sich versöhnen: Das sind keine psychologischen Kategorien. Und dennoch ging und geht es im Leben, aber ebenso in der Psychotherapie letztlich immer auch darum, sich mit sich selbst zu versöhnen, mit dem eigenen Schicksal, mit Menschen, die uns geschadet haben. Man spricht in der Psychotherapie eher davon, schwierige Lebenserfahrungen, wenn man sie durchgearbeitet hat, loszulassen, damit man sich wieder neu auf

das Leben einlassen kann. Die Fähigkeit loszulassen aber ist verbunden mit der Fähigkeit, verzeihen und sich versöhnen zu können.
Verzeihen und sich versöhnen ist ein aktives Tun und erwächst aus einem Entschluss, durch den man aus der Position des bloßen Opfers herausfindet zu einer Position der Würde.

Konflikte wirklich wahrnehmen

Es geht beim Versöhnen um den richtigen Zeitpunkt. Man braucht Zeit, um sich mit einer Kränkung, einer Beeinträchtigung des Lebensgefühls auseinanderzusetzen, sie zu verarbeiten und sie richtig einzuordnen, gefühlsmäßig und gedanklich. Das Gefühl des Entzweitseins ist dabei sehr wichtig. Die Versöhnung will ja neu wieder den Dialog, will in der Beziehung wieder die Nähe, will, dass ein „Wir" wiederhergestellt wird, dass man sich wieder vertraut. Versöhnen kann man sich nur dann, wenn man sich auch entzweit hat, wenn man sich unversöhnlich gegenübergestanden hat. Es ist sinnvoll, die Verletzungen wahrzunehmen und sie in die Verantwortung zu nehmen. Es ist sinnvoll, den Ärger als ein sinnvolles Gefühl zu verstehen, es ist sinnvoll, auch den Hass in seinem Sinn zu verstehen, wenn wir ihn denn erleben. Versöhnen wir uns zu rasch, kann der Konflikt nicht wirklich wahrgenommen werden, es kann nicht wahrgenommen werden, dass eine Kluft zwischen Menschen besteht, dass ein Problem, eine Kränkung, bearbeitet werden muss. Die kreative Spannung, die in einem Konflikt liegt, kann nicht erlebt werden.

Wohlwollen entwickeln

Menschen können einander Wolf sein, sich gegenseitig dominieren, besiegen, zerfleischen wollen. Menschen können sich aber auch Freunde sein, freiwillig einander mit Wohlwollen begegnen, einander vertrauen, statt einander zu misstrauen. Menschen hassen nicht nur andere Menschen, sie lieben auch andere Menschen. Wir wollen nicht nur für uns etwas Gutes, sondern durchaus auch für Mitmenschen. Wir sind nicht nur egoistisch, wir sind auch altruistisch! Wir sind gern mit anderen Menschen zusammen, freuen uns mit ihnen, feiern mit ihnen. Wir leben ja nie nur aus uns selber, vieles, was wir sind, ist geweckt worden durch die Beziehung zu anderen Menschen. Wir sind von Grund auf auf Beziehung angelegt und auf Bindung.

Zu hohe und zu niedrige Ansprüche

Man kann zu viel von sich verlangen – man kann zu wenig von sich verlangen.
Erwartet man zu viel von sich, hat man zu hohe Ansprüche. Oft korrespondiert diese Haltung mit wenig Vertrauen in das gütige Schicksal und mit wenig Hoffnung, das Leben auch gestalten zu können. In der Folge kann man dann mit einer depressiven Erkrankung reagieren. Erwartet man zu wenig von sich, kann einen der Neid heimsuchen angesichts von Menschen, die mehr aus ihrem Leben machen. Der Neid macht uns deutlich, dass wir vielleicht doch auch ein anderer oder eine andere sein könnten, dass wir vielleicht doch zu wenig aus unserem Leben machen.

Der Sinn des Neids

Wer Neid erregt, muss aus dem Weg geschafft werden oder sichtbar überflügelt werden. Wer neidet, sieht den Neiderreger oder die Neiderregerin als vom Schicksal bevorzugt. Die große Mutter hat mit einem Füllhorn alle ersehnten Eigenschaften über diese Menschen ausgegossen, der Neider, die Neiderin ist zu kurz gekommen – und das ist ungerecht. Noch ungerechter aber ist, dass sie sich im Griff eines Dämons fühlen, einer inneren Instanz, die unerbittlich von ihnen verlangt, mindestens so viel wie der Beneidete zu haben, zu schaffen, zu sein, auch wenn er oder sie ganz andere Voraussetzungen hat. Neiden zu müssen ist ein außerordentlich qualvoller Zustand. Um gönnen zu können, braucht es zunächst das Wissen darum, dass der andere Mensch ein anderer ist, mit einem anderen Schicksal, mit anderen Aufgaben. Und damit gehört weiter dazu, dass man sich selber akzeptiert, mit den eigenen Möglichkeiten, Schwierigkeiten und Aufgaben.

Neid positiv nutzen

Es gibt Menschen, die grundsätzlich mit sich selbst nicht einverstanden sein können, und deshalb so voller Neid sind, dass es nur schwer anzugehen ist. Doch dieser Neid muss angegangen werden, denn Neid kann sehr zerstörerisch wirken. Natürlich gibt es auch den alltäglicheren Neid, den viele Menschen kennen. Neid zu spüren ist als eine Aufforderung zu sehen, sich zu fragen, ob wir nicht auch ein anderer Mensch sein könnten. Könnte das, was unseren Neid erregt, etwas sein, was wir vielleicht in unserem Leben verwirklichen möchten? Oder zeigt er uns einfach, dass wir zu wenig aus unserem Leben machen? Dass wir es uns vielleicht zu bequem machen – und dann die beneiden, die einem Interesse, einer Leidenschaft nachgehen? Dies ist ja meistens mit recht viel Einsatz verbunden. Oder zeigt uns unser Neid, dass wir ein falsches Bild von uns selbst haben? Dass wir unser Selbstbild korrigieren müssen, vielleicht etwas bescheidener werden sollten, die Fantasien von Größe, die wir nicht mehr einlösen können, opfern sollten – und realistischer herausfinden, was wirklich unsere aktuellen Lebensthemen sind? Wie auch immer die Antwort ausfällt, es geht immer darum, ein gönnender Mensch zu werden – und dies können wir, weil wir immer auch genug haben, vielleicht nicht so viel wie ein Anderer oder eine Andere, vielleicht auch mehr, aber auf jeden Fall für uns selber genug.

Sich anspornen lassen

Neid ist nicht nur ein Zeichen, dass wir nicht mit uns selbst einverstanden sind und gern „ein anderer“ oder „eine andere“ wären. Neid ist auch der Anruf an uns selbst, aus uns mehr zu machen, uns durch Neiderregendes aufstören zu lassen und uns die Frage zu stellen, ob wir nicht auch mehr machen könnten aus unserem Leben. Neid ist ein Anruf an unser Selbstsein, an unsere Individuation, er zeigt uns, dass wir unser Selbstsein erfüllen sollten, gehe es nun um Talente, die wir nicht realisieren, oder um Schattenseiten, die wir nicht zu leben wagen und die uns dazu bringen, Menschen insgeheim zu beneiden, die gerade die von uns so verachteten Seiten leben. Das gelingt uns leichter, wenn wir Anteil haben am Leben eines Menschen, der Neid erregt, wenn wir uns gemeinsam an etwas begeistern können. Dann wird aus Neid „tätiger Neid“, Rivalität. Auch sie kann mehr geprägt sein von produktivem oder destruktivem Neid. Ist mehr produktiver Neid in der Rivalität, äußert sie sich darin, dass zwei Menschen, die sich mögen, die einander gut sind, sich gegenseitig herausfordern, spielerisch, manchmal auch etwas verbissener, aber sie sind einander Ansporn auf den Gebieten, auf denen sie eben rivalisieren.

Eine Anerkennungskultur pflegen

Gelänge es uns, eine Anerkennungskultur zu pflegen, wären auch unsere Identität und unser Selbstwertgefühl besser. Statt einander das Selbstwertgefühl zu strapazieren, könnten wir es einander auch verbessern. Dazu müssten wir uns zum Vertrauen entschließen, dass die anderen Menschen uns anerkennender begegnen. Man müsste sich grundsätzlich zum gegenseitigen Respekt entschließen und davon ausgehen, dass jeder Mensch grundsätzlich Respekt verdient.

Was hätten wir davon? Wir fühlten uns besser in unserer Haut, könnten besser mit den vielen Veränderungen, aber auch mit unseren Fähigkeiten umgehen, wir würden uns freier fühlen und wären verlässlichere Mitmenschen.

IV.

Was die Freude größer werden lässt

Sich befreunden können

Ist es nicht besser, sich zu freuen mit Freunden statt sich wehren zu müssen gegen Feinde? Sich mit anderen Menschen zu befreunden, gibt dem Leben eine große Geborgenheit. Ohne sich befreunden zu können, fehlte einem die Luft zum Leben!

Sich befreunden ist eine Beziehungsform und zugleich eine Lebensform, bei der man sich fragt, welchen Menschen man freiwillig mit Wohlwollen begegnet und wie man dieses Wohlwollen auch so ausdrückt, dass es für den Freund oder die Freundin sichtbar und erlebbar wird. Vermag unser Wohlwollen nicht auch beim anderen Menschen Wohlwollen zu wecken, dann können wir uns nicht mit ihm oder ihr befreunden. Um sich zu befreunden, braucht es ein wechselseitiges Wohlwollen, das wir zeigen müssen, das wir annehmen müssen und das wir uns auch bis zum Ende einer Freundschaft erhalten müssen.

Wohlwollen zeigt sich darin, dass man dem Freund, der Freundin, nur das Beste wünscht, und man setzt sich auch dafür ein, dass dieses „Beste“, wenn immer möglich, erreichbar wird. Vom Freund, von der Freundin erwartet man aber auch nur das Beste, ohne es anzumahnen, sonst verliert die Freundschaft ihren emotionalen Kern. Mehr noch: Man erwartet sogar, dass er oder sie weiß, was im Moment das Beste ist – und weil man befreundet ist, artet das nicht etwa in große Anstrengung aus, man weiß es eben.

Vertrauen schenken

Vielleicht mögen Sie darüber nachdenken, wann denn eine wichtige Freundschaft begonnen hat. Eine Freundschaft muss ja wachsen: Freunde und Freundinnen sind Menschen, die uns ansprechen, die uns gefallen, auf die wir neugierig sind. Diese Neugier mündet dann in ein nachhaltiges Interesse. Sie müssen etwas mitbringen, was wir für unser Leben als Bestätigung und als Herausforderung, auf jeden Fall als Bereicherung verstehen, auf welcher Ebene auch immer. Freunde und Freundinnen bereichern das Leben, sie fordern uns nicht selten heraus, noch brach liegende Aspekte unserer Persönlichkeit zu entwickeln, ganz besonders zu Beginn einer neuen Freundschaft, aber auch, wenn sie selber Entwicklungssprünge machen.

Sich befreunden kann man sich nur mit Menschen, die ich im Laufe der Zeit als vertrauenswürdig erweisen. Bei einer Befragung nach dem Wesen der besten Freundin sagten Frauen, es sei die Freundin, bei der sich in der Beziehung am wenigsten Vertrauensbrüche ereignet hätten oder bei der diese Vertrauensbrüche auch gut wieder verarbeitet werden konnten und man auch wieder das Vertrauen riskieren konnte. Eigentlich kann man sich erst wirklich befreunden, wenn man einander vertrauen kann.

Einander freundlich gesinnt sein

Freundschaft hat auch etwas mit Freundlichkeit zu tun. Sie ist aber viel mehr als Freundlichkeit. Unter Freunden ist man im Grunde genommen freundlich gesinnt, auch dann, wenn man gerade aktuell recht unfreundlich miteinander umgeht. Freundlichkeit ist ein großes Gut. Man kann sich in einer Freundschaft auf die grundlegende Freundlichkeit verlassen, ansonsten kann man nicht wirklich befreundet sein.

Freundschaft, eine Beziehung, die man als freier Mensch freiwillig, nicht aus Abhängigkeit, eingeht, ist auch eine Beziehung, die frei macht. Die Freundschaft beruht letztlich auf Freiwilligkeit. Und auch wenn Freundschaften oft lange dauern und eine beachtliche Kontinuität aufweisen, die Basis ihrer Freiwilligkeit macht sie auch im Handhaben der Schwierigkeiten freier als andere Beziehungsformen. Gewiss, viele Probleme werden reguliert, indem man sich weniger sieht, die Freundschaften eigentlich gar nicht mehr wirkliche Freundschaften sind. Doch auch sie können relativ rasch wieder belebt werden, wenn es die Umstände erfordern.

Sehnsucht nach Beziehung

Beziehungsfantasien sind in der Beziehung von Liebenden am farbigsten und darum am leichtesten zu erkennen. Liebende überlassen sich freudig diesen Fantasien und werden dadurch bis in die Tiefe ihrer Persönlichkeit erfasst und umgestaltet. Sie geraten innerlich in Bewegung, und das kann Freude, aber auch Angst auslösen. Paarfantasien drücken – gerade auch in gelebten Partnerschaften – die ausgesprochenen und vor allem die unausgesprochenen Sehnsüchte aus, die mit der Beziehung verbunden sind. Wenn wir eine Veränderung der Beziehungsfantasien zulassen, spricht sich in ihnen auch die Sehnsucht nach einer immer wieder lebendigen Beziehung aus, die sich verändern kann, muss und darf, so wie das Leben sich immer verändert.

Wenn man sich einsam fühlt

Jeder von uns kennt Einsamkeitsgefühle aus der Kindheit, Gefühle der totalen Verlassenheit, etwa, weil wir wirklich verlassen wurden, ohne dass wir fähig waren, darauf zu vertrauen, dass schon wieder jemand kommen würde, oder weil wir ausgelacht wurden, von Spielkameraden etwa, weil etwas an uns anders war, als es zu sein hatte, oder dass Erwachsene über etwas lachten, in dem doch der ganze Ernst der Kinderseele steckte ... Und in der oft gleichen Art, wie wir als Kind diese Gefühle der Einsamkeit verarbeitet haben oder einfach mit ihnen umgegangen sind, gehen wir auch als Erwachsene noch mit diesen Erlebnissen um. Half uns jemand in unserer Verlassenheit, gab uns stellvertretend jemand das Gefühl, dass Welt doch vertrauenswürdig ist, oder haben wir uns einfach weinend auf uns zurückgezogen, nachdem alle Versuche, die Situation zu verbessern, gescheitert sind? Haben wir dann irgend etwas für uns gestaltet? Oder haben wir in wütender Auflehnung uns abgewendet von denen, die uns so ein Einsamkeitsgefühl beschert haben, sie nun zutiefst verachtend? Oder haben wir uns entschieden und beherzt geschworen, es denen schon zu zeigen? Das sind natürlich Verhaltensweisen, die sich gegenseitig nicht auszuschließen brauchen, und ich meine auch nicht, dass wir, wenn wir einmal eine Verhaltensform gelernt haben, keine andere mehr lernen könnten; wir sind ja lernfähig. Aber zuerst müssen wir überhaupt wissen, welche Verhaltensformen wir gelernt haben und welche vielleicht auch unserer Persönlichkeit entspricht oder entsprach.

Die Geschichte mit unseren Einsamkeitsgefühlen geht weiter; die Situationen, in denen wir uns einsam fühlen, verändern sich, ereignen sich aber immer wieder … Sehr viele Gefühle des Einsamseins verstecken sich hinter Vorwürfen, hinter destruktiver Kritik, hinter Rückzug. Es wäre sehr viel einfacher, damit umzugehen, wenn wir sagen würden: ich fühle mich jetzt einsam; als wenn wir sagen: du interessierst mich nicht mehr, ich finde dich langweilig.

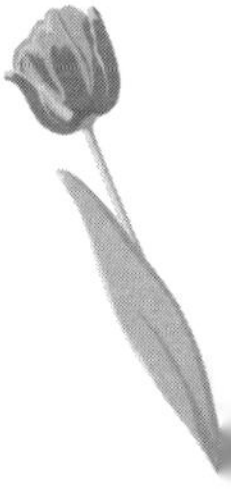

Heimisch werden

Das Gefühl des Heimischseins entsteht aber vor allem dann, wenn wir in Beziehungen zu anderen Menschen stehen – und in Beziehungen zu uns selber. Wie sollen wir erkennen, was wir in den anderen, in die andere hineinsehen, wenn wir nicht mit uns selber im Kontakt sind und mit unseren Gefühlen?

Stehen wir in Beziehungen zu anderen Menschen und zu uns selber, dann stehen wir auch in Beziehungen zum Reichtum der Welt, zum Reichtum der anderen Menschen, zum Reichtum unserer gegenwärtigen Kultur und auch unserer vergangenen Kultur. Wir sind vernetzt; viele Aspekte unseres Selbst und des Selbst der anderen werden in einen Zusammenhang gebracht, unser Selbst ist wie gespannt – und ist in allen Widersprüchen kohärent.

In diesem gegenseitigen Wahrnehmen ginge es darum, sich füreinander wirklich zu interessieren, zumindest für die Personen, mit denen man eine nähere Beziehung pflegt. Hier ist die genuine Verbindung zum Selbstwertgefühl. Es geht darum, einander die Bestätigung zu geben, die wir offensichtlich brauchen.

Eine liebevolle Haltung entwickeln

Für die liebevolle Haltung bekommt alles Seele, bekommt alles einen Wert in sich. Sie ist achtsam und darauf aus, alles, mit dem sie offen in Beziehung tritt, zu mehren, auszuweiten; in der liebevollen Haltung geben wir uns, wagen wir uns aus einer Position der Fülle, in der wir nicht horten müssen. Die liebevolle Haltung lässt den Andern frei. Sie ist zärtlich in einem umfassenden Sinne. Ihre Gebärden sind das Umarmen und Wieder-Loslassen, das Streicheln – mit Worten, mit Händen, mit Augen usw. Ihre Imagination ist die Imagination des Wachsens, des Entfaltens ohne große Eingriffe. Die liebevolle Haltung ist nichts „Süßliches", sie ist offen zum Emotionalen hin, der Wahrheit des Herzens verpflichtet und durchaus bereit, Unstimmigkeiten – auch aggressiv – anzusprechen. Eine liebevolle Haltung darf nicht mit Harmonisierungstendenzen verwechselt werden. Die liebevolle Haltung meint das Du, der Harmonisierungstendenz geht es um das Ich.

Die Liebe sucht das Du

Liebe ist primär ein Gefühl von mir, von dem ich erfasst bin, das in mir aufbricht; es sucht aber immer zugleich eine Verbindung mit einem Du, sei es ein Liebespartner, eine Sache, die Natur, Gott. Ich halte Liebe für das Gefühl, das Getrenntes lustvoll vereint und doch weiß, dass wir letztlich Einzelne bleiben müssen. Liebe schafft Beziehung, aber es gibt auch Beziehungen, in denen sich kaum Liebe ereignet. Liebe hat immer auch einen Aspekt des Unvorhersagbaren, auch der Gnade. Beziehung, Bezogenheit ist viel nüchterner, sehr viel mehr von meinem Entschluss abhängig. In Beziehung zu treten kann aber der erste Schritt dahin sein, dass Liebe aufkeimen kann. Denn in Beziehung treten meint, sich einem Andern öffnen, sich auch von einem Du her ansprechen, verstehen lassen, mit einem Du etwas teilen, auch im Sinne des Mit-Teilens und des Teilnehmens am Andern.

Was die Freude größer werden lässt

Das Erleben von Freude, das Teilen von Freude, das Anstecken mit Freude, das Sich-Freuen aneinander, das Sich-Freuen aufeinander geben den Beziehungen eine ganz spezielle Färbung und tragen nicht unwesentlich dazu bei, dass sie so dauerhaft sind.

Das Zulassen der Freude, das bewusste Wahrnehmen der Freude vermehrt die Freude, lässt uns uns als Menschen erleben, die sich auch freuen können. Wenn wir uns aber freuen, dann erleben wir uns selbst als für den Moment ganz und gar einverstanden mit uns selbst, mit den anderen Menschen und mit der Umwelt, das gibt uns ein gutes Selbstgefühl und das Gefühl, fraglos in Beziehungen zu anderen Menschen eingebunden zu sein, fraglos auch ein Teil eines uns umfassenden Lebens zu sein. Das Erleben der Freude hat auf unseren Selbstwert einen sehr großen Einfluss, erlaubt uns unter anderem auch, immer mehr unser originäres Selbst zu finden. Wie jede Emotion ist

auch Freude ansteckend, wir können uns anstecken mit Freude, wir können auch, indem wir die freudigen Stunden einer Beziehung in unsere Erinnerung zurückholen, was ja in Freundschaftsbeziehungen immer wieder geschieht, auch das Erlebnis der Freude für uns zurückholen. So schafft Freude größere Verbundenheit durch die Stimulierung eines guten Selbstwert- und Daseinsgefühls, aber auch die Möglichkeit, sich selber als energievollen Menschen zu erleben, der dann sein Leben auch wieder in eigener Regie gut gestalten kann.
Freude ist die Emotion, die zu solidarischem Verhalten führt. Wenn wir uns freuen, dann haben wir die Tendenz, uns zu verschwestern und zu verbrüdern. Wir fragen nicht so sehr nach Trennendem, sondern nach dem, was Menschen miteinander verbindet. Wir schauen dann auch einmal über Gegensätze hinweg, vergessen Trennendes. Freude ist die Emotion, die eine große Verbundenheit herstellen kann, also uns selbst und auch den Alltag transzendieren lässt, die uns öffnet für die leichteren Seiten des Lebens.

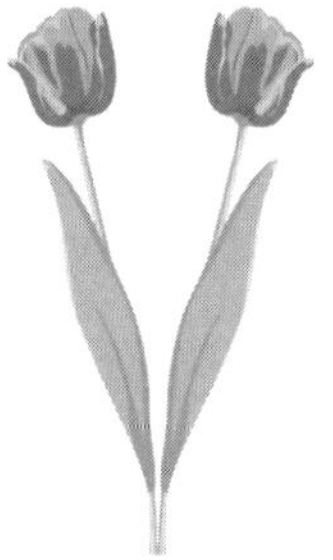

V.

Wenn wir uns ergreifen lassen

Sich zum Vertrauen entscheiden

Jedem Anfang wohnt ein Zauber inne, wenn wir vertrauen können. Aber auch das Umgekehrte gilt: Mit der Erfahrung, dass wir immer wieder neu anfangen können, wächst das Vertrauen in das Leben. Mit einem Neubeginn machen wir deutlich: Das Leben kann immer noch, trotz aller Fehlschläge, zu einem guten Leben, zu einem gelingenden Leben werden. Es ist nicht ein für allemal verwirkt! Zwar gibt es den Irrtum, den Verrat, die Enttäuschung. Kein Mensch kann immer vertrauenswürdig sein – und dennoch: Man kann sich zum Vertrauen entscheiden. Zu vertrauen bedeutet natürlich nicht, vertrauensselig sein, sondern man wird überprüfen, wem man das Vertrauen schenkt. Menschen, die in ihrem Vertrauen sehr wenig enttäuscht worden sind, haben die Neigung, sich vertrauensvoll, gelegentlich auch etwas zu vertrauensvoll der Welt und den Mitmenschen zu nähern. Das führt im Laufe der Zeit zu Enttäuschungen, aus denen auch diese Menschen letztlich lernen. Doch diese Wechselwirkung trifft nicht immer zu. Denn Menschen, die sich mit einer großen Selbstverständlichkeit vertrauensvoll zeigen, auch wo möglicherweise Misstrauen angebracht wäre, können damit gelegentlich bewirken, dass sich die anderen tatsächlich vertrauenswürdig benehmen. Denn alle Menschen wollen lieber in einem Beziehungsnetz leben, in dem man einander vertraut. Dadurch fühlt man sich beheimatet, geborgen, kann offen sein und offen auf andere Menschen zugehen.

Sich verwirklichen können

Die Verwirklichung unserer Ideen und Absichten in der alltäglichen Welt wird meistens mit Erfolg und Misserfolg gleichgesetzt. Man könnte es auch Gelingen und Scheitern nennen. Erfolg meint, sich verwirklichen zu können, Spuren zu hinterlassen, eine Position erreicht zu haben. Zu scheitern bedeutet, dass man es anders und neu noch einmal angehen muss, vielleicht auch das Selbstkonzept verändern muss.

Was wir verwirklichen in der Welt, unser konkretes Tun, ist zumindest zu einem Teil sichtbar: Das ist die Basis, auf der andere Menschen uns identifizieren und anerkennen, aber auch beneiden können. Sobald eine Leistung sichtbar wird, setzt bei den anderen auch das Vergleichen ein, und da ist der Neid und die allenfalls damit verbundene Abwertung nicht weit.

Darauf kann man allerdings nicht Rücksicht nehmen, denn das Sich-Verwirklichen in der konkreten Welt ist sehr wichtig für Identität und Selbstwertgefühl. Dabei kommt es darauf an, dass man das verwirklicht, was einem wirklich wichtig ist. Das können von außen gesehen wenig aufregende Dinge sein; es kommt vor allem darauf an, wirklich den eigenen Interessen zu folgen, denn das gibt das Gefühl von Lebendigkeit und davon, Wesentliches gestalten zu können.

Ängste fordern uns heraus

Wir Menschen haben viele Ängste, unser Leben ist auch wirklich bedroht. Was heute noch tragend zu sein scheint, was glückt, uns befriedigt und Geborgenheit gibt, kann morgen nicht mehr gelten. Beziehungen verändern sich, Menschen sterben, Krankheiten werden gebannt, andere treten neu auf. Es wäre also vollkommen normal, Ängste zu haben und diese auch zuzulassen. Die Angst ist ja nicht nur eine verstörende Emotion, sondern sie fordert uns auch dazu heraus, für uns wesentliche Aspekte unserer Identität zu entwickeln. Das bedeutet dann letztlich wiederum, dass wir das uns Ängstigende besser sehen und angemessener damit auch umgehen können. Angst kann auch sehend machen. Und gerade solche sehende Angst tut heute not.

Mutig werden

Der Weg zur Aggression führt auch über die „Mut zur Angst". Dieser Ausdruck stammt von Karl Jaspers. Das heißt, wenn wir uns ängstigen, sollten wir uns auch fragen, ob wir wirklich zurückweichen müssen oder ob wir auch mutig sein könnten, ob wir diese Angst auch angehen könnten.

Interesse am eigenen Leben

Das Interesse an unserer eigenen Person ist wahrscheinlich das stabilste Interesse, das wir überhaupt haben, es ist ja auch unsere Verantwortung, unser Leben zu leben, eine eigenständige Persönlichkeit zu werden und auch uns unser Leben zu erhalten. Insofern hat das Interesse auch mit der Befriedigung unserer narzisstischen Bedürfnisse zu tun. Auch wenn wir Interessen haben, die sich mehrheitlich auf die Welt beziehen, ist immer auch ein Stück von uns selbst mitenthalten.

Es gibt aber das ganz direkte Interesse an uns selbst: Das Interesse geht zunächst nicht auf etwas Äußeres in der Welt hin, es geht nach innen, es zielt auf uns selbst und bezieht Dinge der Außenwelt nur so weit ein, wie sie etwas über uns selbst aussagen. Es ist eigentlich das psychologische Interesse: Wer bin ich, woher komme ich, was kann aus mir werden?

Sich gegenseitig anregen

Wir können ohne Interesse und ohne Interessiertsein nicht oder nur schlecht leben, und deshalb regulieren wir die Zufuhr von Interesse, und wir regulieren auch die Produktion von Interesse, meistens unbewusst, und wenn dies nicht mehr funktioniert auch bewusst. Wir treffen uns mit Menschen, die uns potenziell Interesse entgegenbringen und die wir interessant finden, und nicht nur mit solchen, die uns langweilen. Interessieren sich Menschen erkennbar für uns, dann werden sie in der Regel Freunde oder nähere Bekannte. Wir treffen uns außerhalb des Freundeskreises auch mit Menschen, die gleiche oder ähnliche Interessen pflegen, beim Club der Eisenbahner oder im Literaturclub oder in einer Forschungsgruppe. In diesen Gruppierungen, so weiß man, ist das Zuwendungsinteresse groß, wenn uns nicht die Rivalität einen Strich durch die Rechnung macht. Normalerweise kann man sich dort wunderbar gegenseitig anregen, und zwar nicht nur über das, was substanziell erforscht oder geschrieben wird, sondern an der Emotion Interesse, die hier so spürbar ist und von der man sich anstecken lassen kann. Es ist eine Atmosphäre, in der das Interesse fast greifbar wird. Nach dem Zusammensein mit interessierten Menschen ist man selbst auch ein noch interessierterer Menschen, als man es zuvor war. Und das ist ein sehr gutes, lebendiges Lebensgefühl.

Lebenselixier Interesse

Wir Menschen wissen, bewusst oder manchmal auch unbewusst, um das Lebenselixier Interesse. Und wir suchen dieses Lebenselixier. Wir wissen recht gut, wo wir in solche Wirkkreise des Interesses hineinkommen können, wo es Interesse gibt, wo unser Interesse anzuregen ist. Gelingt uns das nicht, können wir auch eine Sucht entwickeln; die Suche kann zu einer Sucht werden, weil wir diese Belebung, die aus einer Interaktion mit Menschen oder mit der Welt kommt, so sehr suchen, natürlich auch etwas, das frühkindlich und in der Kindheit so lebendig war.

Wir wissen für unser eigenes Leben recht gut, wo wir uns diese Injektionen von Interesse normalerweise holen können. Wir suchen Menschen, für die wir uns interessieren und denen wir wiederum das Gefühl geben können, interessant zu sein. Wir suchen aber auch Menschen, die sich für uns interessieren und uns auch das Gefühl geben, interessant zu sein. Und dieses Interesse, was wir einander zeigen, ist meistens eher eine Form der Aufmerksamkeit als etwas, das wir einander mitteilen. Interessiere ich mich für das, was ein Mensch geschaffen hat, dann werde ich dem sehr viel Aufmerksamkeit schenken. Ich werde kaum ständig meiner Begeisterung Ausdruck geben, aber natürlich werde ich sie zum Ausdruck bringen. Das Maß, in dem sich ein anderer Mensch für uns interessiert, spürt man aber doch eher an der Aufmerksamkeit, die dieser Mensch dem widmet, was wir zu geben haben.

Eigene Ressourcen finden

Wir alle haben Quellen, auf die wir zurückgreifen können. Alles, was uns gut tut, ist eine Ressource für die Selbstregulierung und für die Selbstwertregulierung. Im Laufe eines Lebens entwickeln wir vielfältige Techniken im Umgang mit uns selbst, besonders, wenn es uns gerade einmal nicht so gut geht. Die meisten Menschen haben ein ganzes Arsenal von solchen Techniken und wenden sie auch recht oft an – ohne viel darüber nachzudenken. Die Reflexion setzt dann ein, wenn diese „Mittel“ nicht mehr greifen, wenn ein rascher Spaziergang den aufgestauten Ärger etwa nicht mehr zum Verschwinden bringt, die geliebte Musik die Gefühle des Beschwingtseins nicht mehr hervorzulocken in der Lage ist.

Ressourcen finden wir dort, wo uns etwas ganz wichtig ist im Leben, etwas, das uns Freude macht, uns interessiert. Ressourcen finden wir auch in unseren Träumen und in unseren Fantasien.

Sich ergreifen lassen

Erfahrungen von Einheit können im Laufe eines Lebens immer einmal erlebt werden. Diese müssen sich aber nicht in der Ikonografie der großen Religionen darstellen, sondern können sich der Ikonografie eines übergeordneten Ganzen bedienen. Das Gefühl der Ganzheit und der Sinnhaftigkeit, oft ausgelöst durch ein Gefühl der Ergriffenheit, kann auch erlebt werden in einem schöpferischen Prozess, bei Erfahrungen in und mit der Natur, bei der Betrachtung eines Kunstgegenstandes, in der Liebe, bei einer Erfahrung von Schönheit, beim Zusammensein mit Menschen, usw. So könnte man die Sehnsucht nach Einheitserfahrungen, nach Sinnerfahrungen als Spiritualität bezeichnen und das Erleben davon als gelebte Spiritualität. Dabei scheint mir besonders wichtig zu sein, dass sich Spiritualität im konkreten Lebensvollzug ereignet und die emotionale Ergriffenheit das Wesentliche ist.

VI.

Was uns neue Horizonte öffnet

Die Sehnsucht als Wegweiserin

Die Sehnsucht nach einem gelingenden Leben will das Perfekte, das Heile. Die Sehnsucht ist eine Weise, sich auf die Zukunft zu beziehen, sie transzendiert das Jetzt und Hier in weitem Maße. Mit ihr stellen wir uns etwas vor, was weit in der Zukunft liegt. Die Sehnsucht lebt von der Imagination. In ihr zeigen sich auf der anderen Seite unsere Entwicklungsmöglichkeiten, unsere Potenziale, und auf der anderen Seite, was noch aussteht, was ansteht, was fehlt zu einem Leben, damit es uns ganz und sinnvoll erscheint. Würden wir tatsächlich erreichen, was die Sehnsucht uns herbeisehnen lässt, dann wäre keine Sehnsucht mehr zu spüren. Aber wir können getrost sein, so lange wir leben, fehlt immer etwas, steht immer etwas aus, bleibt die Sehnsucht immer bestehen, auch wenn sich das, wonach wir uns sehnen, verändert. Das Leben ist endlich – die Sehnsucht aber will das Unendliche, das Ganze. Es ist ein Suchen und Fragen nach etwas, das ganz erfüllt, sie schlägt eine

Brücke vom noch nicht ganz erfüllten Jetzt und Hier zu einem als erfüllt gedachten „Später". In ihr zeigt sich, was wir anstreben: Sehnsucht nach etwas ganz Großem, nach dem ganz Anderen, nach Sinnerfahrung, Liebe, Freiheit, Geborgenheit, Intensität, nach Verbundenheit im weitesten Sinne.

Neue Horizonte öffnen

Menschen können nicht leben ohne Hoffnung und Erwartung. Eine zu eng geführte, fixierte Erwartung kann aber die Hoffnung in den Hintergrund drängen, das führt zu einer Engführung des Lebens. Dann ist nur noch wenig Raum für Kreativität im Leben, es gibt nur noch wenig Möglichkeiten, auch andere Optionen wahrzunehmen – das führt notwendigerweise zur Enttäuschung oder gar zur Resignation und zu einer Verschlechterung des Selbstwertgefühls. Nun braucht sich die Resignation nicht über das Leben als Ganzes zu legen, sondern sie legt sich meistens über einzelne Lebensthemen. Und nicht selten wurzelt die Resignation darin, dass wir zu präzis meinen zu wissen, was wir vom Leben wollen, dass wir zu genaue Vorstellungen haben, die wir unbedingt erfüllt haben wollen. Resignation ist der Stillstand. Die Alternative zur Resignation ist ein Prozess des Trauerns. Dadurch, dass wir etwa für uns Wertvolles verloren geben und die damit verbundenen vielfältigen Gefühle der Trauer wie Gram, Angst, Wut usw., treten wir in einen Trauerprozess, in dem wir uns auf uns selber besinnen. Indem wir uns vergegenwärtigen, worauf wir verzichten müssen, können sich gerade wieder neue Horizonte öffnen, und dann verbessert sich auch wieder unser Selbstwertgefühl.

Was wir von uns selbst erwarten

Jeder Mensch hat Erwartungen an sich. Mehr oder weniger bewusst haben wir ein Konzept vom „guten Leben", davon, wie sich unser Leben als ein gelungenes Leben vom Ende her gesehen beurteilen lässt. Dabei geht es nicht nur um Erwartungen an das Leben selber, sondern auch um Erwartungen an uns: Wie sollen wir als Menschen leben? Welche Werte sollen wir verwirklichen? Wie sollen wir uns überhaupt verwirklichen? Welche offenen und welche geheimen Ansprüche stellen wir an uns selbst? Erwarten wir, dass wir der Nachwelt etwas Sichtbares hinterlassen? Dass wir reich werden? Bedeutend? Dass wir einer Gemeinschaft dienen?

Diese Erwartungen sind zum einen geprägt durch die Erwartungen, die unsere Beziehungspersonen in uns gesetzt haben, unsere Eltern, Großeltern, Lehrer und Lehrerinnen, Geschwister usw. Später kommen auch unsere Partner und Partnerinnen ins Spiel. Aber auch wir selber entscheiden uns

immer wieder außerhalb dieser prägenden Beeinflussungen, wie wir unser Leben gestalten, welche Ziele wir anpeilen wollen. Dabei unterscheiden wir eine Orientierung auf eher kurzfristige Ziele und eine auf langfristige Ziele. Sind unsere Erwartungen zu wenig in Übereinstimmung mit unseren Fähigkeiten, aber auch mit unseren Eigentümlichkeiten als Person, so werden wir in unseren Erwartungen enttäuscht werden. Bei den kurzfristigen Zielen, die wir zu erreichen erwarten, gelingt es uns, unsere Erwartungen immer wieder zu korrigieren, so dass sich unsere Enttäuschung in Grenzen hält. Die Erwartungen werden auf diese Weise der Realität, in der wir leben, angepasst.
Wenn indessen die langfristigen Erwartungen, die uns oft nicht wirklich bewusst sind, die aber, wenn auch nicht deutlich wahrgenommen, als Maßstab im Hintergrund unseres Erlebens sind, nicht erfüllt werden, kann uns das sehr unglücklich und unzufrieden machen.

Was wir von anderen erwarten

Unsere Erwartungen an uns selbst und an unser Leben können und müssen wir nicht allein erfüllen. Wir stehen immer in Beziehung zu anderen Menschen und zu den Dingen und Situationen, die andere Menschen schon geschaffen haben. Es gibt aber Menschen, die meinen, alle ihre Erwartungen vor allem selber erfüllen zu müssen. Sie können keinen guten Gebrauch von den Mitmenschen machen: Sie haben vermutlich im Laufe ihres Lebens nicht erfahren, dass im Zusammensein mit anderen Menschen mehr möglich ist, als wenn man alles allein macht. Sie haben nur selten erlebt, wie hilfreich gerade in problematischen emotionalen Momenten des Lebens Mitmenschen sein können, die präsent sind, verstehen, innerlich mitgehen und dadurch einen Raum bieten, in dem Emotionen sich verändern können. Da sie andere Menschen nicht als hilfreich erlebt haben, vielleicht sogar als störend, meinen sie, die Kontrolle behalten zu müssen, damit die guten Erwartungen nicht beeinträchtigt werden. Sie verlangen deshalb auch sehr viel von sich und können sehr enttäuscht sein, wenn sich ihre Erwartungen trotz allem nicht erfüllen.

Den eigenen Weg finden

Es scheint Schwierigkeiten, Krisen, Verhaltensweisen und Freuden zu geben, die zu uns gehören, für uns typisch sind, und solche, die wir eher als ichfremd ansehen und als Zeichen dafür, dass wir „nicht ganz bei uns“ sind, sondern ganz bestimmte Aufgaben, die wir mit unserem Leben verbinden, verfehlen.

Schicksal, „Werde, der du bist“, die uns bestimmten Lebensaufgaben – das sind Ausdrücke, die einander ersetzen können. Sie weisen alle darauf hin, dass mit jedem Menschenleben auch ein ganz besonderes Geschick verbunden ist, das sich nicht einfach bei der Geburt zeigt, sondern das sich im Laufe des Lebens ausfalten muss. Dieses Geschick kann man auch immer wieder verfehlen, aber gerade die Verfehlungen sind das Wesentlichste an diesem Selbstwerden; sie bringen uns überhaupt darauf, was denn unser Geschick sein könnte.

In unserem Umgehen mit der Verwirrung zeigt sich langsam unser ganz besonderer Weg. Ein

Schicksal, eine bestimmte Lebensaufgabe zu erfüllen zu haben, auf die hin gelebtes Leben immer transparenter wird, die sich immer deutlicher zeigt, je mehr Leben gelebt wird, das ist eine Auffassung von Menschsein, die unserem Leben einen unmittelbaren Sinn gibt. Diese Auffassung gibt jedem Einzelnen eine ihm zugehörige spezielle Bedeutung neben der kollektiven Bedeutung, die wir natürlich alle haben, indem wir die menschliche Gattung fortpflanzen, Kinder aufziehen und so weiter.

Auf das eigene Herz hören

Ein junger Mann, depressiv, ohne Antrieb, unglücklich mit vielen körperlichen Beschwerden, ist auch ein unglücklicher Student. In verschiedenen Anläufen hat er sein Abitur geschafft, und jetzt sollte er studieren. Auf die Frage, was er denn wirklich gern macht, erwähnt er, er habe sehr erfolgreich mitgeholfen, ein großes Lager einer internationalen Jugendorganisation zu organisieren. Spricht er davon, dann wird er lebendig, und man spürt genau, dass dort sein Herz schlägt. Warum er denn Altphilologie studiere? „Ich bin ein total introvertierter, intellektueller Typ mit Sprachbegabung – da ist doch Altphilologie das logische Studienfach!" Auf seine Gefühlslage aufmerksam gemacht, wenn er vom Organisieren spricht und von seinen aktuellen Studien, nimmt er wahr, dass „da vielleicht etwas nicht ganz stimmt". Er kommt aus einer Familie, in der es immer wieder bedeutende Altphilologen gab. Da er sprachbegabt ist, wurde er identifiziert als der nächste Altphilologe.

Es brauchte einen längeren Entwicklungsprozess, bis er diese Verschreibung – und damit auch eine Sicherheit – geopfert hatte und sein Studienfach wechselte. Damit wurde auch seine depressive Verstimmung überwunden.

Der eigenen Sehnsucht auf die Spur kommen

Wonach sehnen wir uns? Was haben wir schon immer geopfert und bereuen es? Woran kann man diese Sehnsucht festmachen? Das leidenschaftliche Interesse an dem, woran sich unsere Sehnsucht festmacht, gibt Schub und bewirkt, dass die Lebensthemen im Laufe der Zeit konkret verwirklicht werden. Hoffnung und Begeisterung bewirken, dass die Lebensthemen auf das Bessere hin ausgerichtet bleiben, trotz Widerständen und Angst.

Und auch die Orte der größten Niederlagen zeigen uns, was unabdingbar wichtig ist in unserem Leben. Scheitern wir im Zusammenhang mit unseren wichtigsten Anliegen an unser Leben, dann sind wir empfindlich, tut eine Niederlage weh …

Können wir uns an unsere Sehnsüchte erinnern? Sind sie in den Tagebüchern formuliert? Als namenlose Sehnsucht – ich sehne mich nach etwas Unbenennbarem – oder sehr konkret: Wenn doch endlich der Prinz käme!

Offen für neue Erfahrungen

Die Erfahrungen von Freude, Hoffnung, Neugier, Interesse verbessern unser Selbstwertgefühl. Wenn wir uns freuen, sind wir in der Regel neugieriger, interessierter, und der Selbstwert steigt. Das bessere Selbstwertgefühl wiederum bewirkt, dass Angst und Spannung weniger werden. Das bedeutet dann, dass man mehr Freude, mehr Glück und mehr Harmonie erlebt und offener wird für neue Erfahrungen. Und dies wiederum führt dazu, dass Menschen wacher, lebendiger, freudiger, spontaner sind. Am Anfang des Lebens lassen sich Freude und Selbstwertgefühl kaum unterscheiden. Man weiß nicht, drückt jetzt ein Kind Freude aus oder ist die Freude Ausdruck eines guten Selbstwertgefühls des Kindes. Diese Gefühle sind einander nahe und verstärken einander.

Selbstvertrauen stärken

Wenn wir uns freuen, dann fühlen wir eine Wärme in uns aufsteigen, eine körperlich erfahrbare aber durchaus auch eine seelische Wärme. Diese lässt uns offener und lebendiger, aber auch erregter werden. Das Selbstgefühl, das wir bei der Freude erleben, ist ein Gefühl des selbstverständlichen Selbstvertrauens, das daraus resultiert, dass wir im Moment der Freude uns selbst, die Innenwelt, die Mitwelt akzeptieren können, wie sie ist, weil uns mehr zugekommen ist, als wir erwartet haben. Die Welt, das Leben – sie sind besser, als wir gedacht haben. Zu diesem selbstverständlichen Selbstvertrauen gehört, dass man sich bedeutsam fühlt, ohne dass man bedeutsam sein muss. Unser Selbstwertgefühl ist ausgewogen. Dieses selbstverständliche Selbstvertrauen, das wir als Menschen im Zustand der Freude erleben, lässt uns offen sein für andere und die Welt. Wir betrachten andere Menschen mit freundlichen, akzeptierenden Augen. Wir können dann auch etwas hergeben, gönnend sein: Wir müssen unsere Ich-Grenzen nicht stur behaupten, wir können sie öffnen. In der Freude sind wir nicht misstrauisch, manchmal dafür naiv. Wir erwarten in der Tat nichts Böses. Tritt das Böse dann doch ein, dann fühlen wir uns sehr verletzt. Man kann sich zwar schützen vor diesen Verletzungen, indem man die Freude nicht mehr zulässt. Das aber ist ein teurer Schutz.

Selbstverständliches Selbstvertrauen, Bedeutsamkeit, auf der man nicht beharren muss, Offenheit und die Möglichkeit des Sich-Öffnens: Dies alles ergibt ein Selbstgefühl der Vitalität und der Kompetenz, mit dem Leben umgehen zu können. Wir spüren neue Lebensenergie. Daraus resultiert, dass wir den Menschen nahe sein möchten, dass wir teilen möchten, dass wir den Mut finden, miteinander Lösungen zu erproben. Freude ist die grundlegende Emotion für Verbundenheit und Solidarität. Das Erleben von Freude, das Erinnern von Freude ist eine zentrale Ressource auch in schwierigen Zeiten.

Werde, der du bist

In einer Zeit, in der man sagt, dass jeder seines eigenen Glückes Schmied ist, tun wir uns schwer mit dem Begriff des Schicksals und mit dem Erleben von Schicksal. Schicksal, unser Geschick, etwas, das uns geschickt oder mitgegeben ist, gibt es das wirklich? Und von wem geschickt?
Auch wenn diese Fragen wohl nie sicher zu beantworten sind, wenn unser Schicksal und unser Geschick letztlich ein großes Geheimnis bleiben, haben wir doch ein Gefühl für Schicksal, vielleicht sogar Angst vor ihm. Erfährt man Lebensgeschichten, staunt man immer wieder über ein ganz bestimmtes Schicksal, das sich in diesem Leben abzeichnet. „Werde, der du bist" ist eine Aufforderung, die seit Pindar an uns ergeht und die jeden Einzelnen immer wieder fasziniert: Leben als Möglichkeit, der zu werden, der man ist. Leben als Anspruch, der zu werden, der man ist.

VII.

Wo die Liebe zum Leben wirkt

Lebensleidenschaft entwickeln

Bei der Leidenschaft müssen wir uns ansprechen lassen von etwas, das uns entgegenkommt, wir müssen uns mit Beschlag belegen lassen von etwas, das auch außer uns ist, wir müssen uns ergreifen lassen. Das kann man nicht machen, man kann aber offen sein dafür. Am ehesten ergreift uns etwas in Übergangssituationen, wenn wir nicht aus lauter Trotz, dass das Leben nicht den Gang nimmt, den wir uns vorgestellt haben, alles, was uns begegnet, entwerten. Auch wenn man Lebensleidenschaft nicht lernen kann, kann man sich doch in eine Haltung begeben, die die Lebensleidenschaft fördert.
Zur Leidenschaft gehört die Offenheit zu den Emotionen hin. Emotionen sind immer auch in unserem Körper. Auch die primär nicht-sinnliche Leidenschaft hat viel mit unserem Sinnen und dem Sinnenhaften zu tun. Es gibt keine Leidenschaft, die letztlich nicht auch in unserem Körper wurzelt, die mystischste Liebe bringt einen Körper in

Erregung und lässt ihn lebendig werden. Offenheit zum Körperlichen hin, zur Natur, zu den Emotionen ist eine der Voraussetzungen, dass Leidenschaft werden kann.

Zur Leidenschaft gehört weiter konstitutiv das Interesse. Wir können lernen, uns zu interessieren für das, was uns interessiert. Interesse für unsere Interessen. Was interessiert uns wirklich? Wie oft wehren wir unsere wirklichen Interessen ab, weil sie uns nicht reif genug erscheinen, nicht kultiviert genug, nicht intellektuell genug. Es gilt, die Interessen dort zu finden, wo sie sind. Interesse für die Interessen zu kultivieren heißt auch, nicht immer dort sein zu wollen, wo wir nicht sind. Wie soll ich da ein Interesse aufbauen, wenn wir jedes kleinste Interesse schon wieder verraten um eines anderen Interesses willen? Es braucht eine Entschlossenheit und den Mut zum Risiko.

Sich begeistern können

Die Begeisterung ist ebenfalls konstitutiv für die Leidenschaft. Wir können auch die Begeisterung nicht wollen. Auch die Begeisterung lebt davon, dass uns etwas ergreift. Es gibt aber eine Vorform der Begeisterung, die in jedem Leben anzutreffen ist und deren Erleben kultiviert werden kann: die Freude. Woran haben wir nicht nur Interesse, sondern auch Freude? Wie fühlt sie sich an? Nehmen wir sie bewusst wahr? Suchen wir sie? Vielleicht wächst unsere Freude zu Begeisterung – vielleicht auch nicht. Möglich wäre es. Wo finden wir unsere Freude am Leben? Keine globalen, sondern ganz präzise Antworten sind hier gefordert: Was löst dieses warme, uns weitende, beschwingende Gefühl der Freude aus? Ein Blick, eine Blume, ein Geruch, ein Gedicht, Bewegung, Musik, Rhythmen, Tanz?

Man kann auch persönlicher weiterfragen: Wann fühlen Sie sich besonders lebendig? Könnten Sie diese Situationen bewusst mehr in Ihr Leben einbauen? Wann spüren Sie, dass Sie von etwas ergriffen werden, weggetragen werden? Oder noch einmal anders: Wofür lohnt es sich zu leben? Wo können Sie sich ganz auf etwas einlassen? Wo spüren Sie Ihre Intensität?

Wenn man es selber gerade nicht so gut schafft, hilft auch, sich zu fragen, wo Menschen sind, die das Leben lieben? Kann man sich von ihnen etwas anstecken lassen? Das kann auch gefährlich sein, gewiss, als eine Form der geliehenen Leidenschaft; und dennoch, sie könnte ja auch zur eigenen werden.

Leidenschaft ist verbunden mit dem Teufel und der Hölle, sie verbindet uns aber auch dem Himmel. Sie ist das Äußerste an Intensität und Kraft, was der Mensch erleben kann, an Wandlungs- und an Veränderungsmöglichkeiten, und dafür lohnt sich das Risiko, das mit ihr verbunden ist.

Das Leben lieben

Gestalter zu werden im Sinne einer leidenschaftlichen Liebe zu diesem bedrohten Leben, zum bedrohten Lebendigen.
Aber wie?
Um Lebensleidenschaft zu entwickeln, muss man den Tod kennen, muss um ihn wissen als etwas Un-Umgängliches (nicht zu umgehen, nicht wirklich zu erfassen, nicht verstehbar in seinem vollen Geheimnis) – dagegen lebt Lebensleidenschaft an, dem Satz verpflichtet: „Liebe ist stark wie der Tod.“ Und man muss sich als „Lebensträger“ bzw. als Lebensträgerin verstehen; das fordert uns eine Achtsamkeit dem Leben gegenüber ab.
Lebensleidenschaft gesehen als Antwort unserer Psyche auf die Bedrohung, in der menschliches Leben immer steht:
Leidenschaft zum Leben, Leidenschaft zum Lebendigen ist auch Leidenschaft zu dem, was offen ist, der Hoffnung und der Liebe verpflichtet.
Ganz praktisch:

Suchen Sie Ihre Leidenschaften, finden Sie heraus, wo Sie leidenschaftlich sind, oder es gerne sein möchten. Lassen Sie die Leidenschaften zu, die Sie haben – kümmern Sie sich nicht so sehr um höhere oder niederere Ziele.
Lassen Sie sich ergreifen von dem, das Sie ergreifen möchte, zunächst vielleicht einfach von der Sehnsucht nach intensiverem Leben, von der Sehnsucht nach einer breit ausgefächerten Emotionalität.
Lebensleidenschaft hat viel mit dem Sinnlichen und dem Sinnhaften zu tun, mit unserem Körper, der Natur, die wir immer auch sind und mit der wir auch ab und zu schlecht umgehen. Achten Sie auf Ihre Sinne, nehmen Sie sinnlich die Welt wahr. Zu den Sinnen gehört auch der Hautsinn und damit die ganze Sphäre der Zärtlichkeit, die so grundlegend wichtig ist für die Lebensleidenschaft.

Lebensleidenschaft hat aber auch zu tun mit dem Geistigen – mit dem Ergriffensein von etwas, das über uns hinausgeht.
Letztlich ist wohl Lebensleidenschaft eine leidenschaftliche Liebe zum Leben, wie es ist, und wie

wir es jeweils spüren und erleben, und nicht wie wir meinen, dass es sein sollte.
Im Gestalten der Leidenschaft zum Leben gelingt es uns vielleicht, uns und unsere Welt etwas umzugestalten, aus dieser Leidenschaft zum Leben spüren wir viel besser, wo das Leben und das Lebendige bedroht ist, und wir wehren uns dann vielleicht auch leidenschaftlich: für das Leben – nicht nur für das Überleben.

Quellenverzeichnis

Die Texte stammen aus folgenden Titeln von Verena Kast, die erste Zahl bezieht sich auf die Seite im vorliegenden Band, die zweite Zahl in Klammern gibt die Seite im Originaltext an:

Abschied von der Opferrolle. Das eigene Leben leben. © Verlag Herder GmbH, Freiburg im Breisgau 1998: 50 (42); 53 (44); 91 (97)

Aufbrechen und Vertrauen finden. Die kreative Kraft der Hoffnung. © Verlag Herder GmbH, Freiburg im Breisgau 2001: 14f (72f); 19f (13f); 21ff (73f); 62 (62); 86f (22f); 102f (66f); 104f (60f)

Die beste Freundin. Was Frauen aneinander haben. © by Dieter Breitsohl AG. Literarische Agentur Zürich 1992. Alle deutschsprachigen Rechte beim Kreuz Verlag Stuttgart 1992: 39 (207); 40f (202f); 42 (209f); 43 (209f); 66 (143); 83f (207f)

Glückskinder. Wie man das Schicksal überlisten kann. © Kreuz Verlag AG, Zürich 1993: 108 (13); 116 (11f)

Konflikte anders sehen. Die eigenen Lebensthemen entdecken. © Verlag Herder GmbH, Freiburg im Breisgau 2004: 16 (126); 18 (125); 26f (118); 64f (49); 100f (16)

Lass dich nicht leben – lebe! Die eigenen Ressourcen schöpferisch nutzen. © Verlag Herder GmbH, Freiburg im Breisgau 2002: 92 (107); 93 f (108); 95 f (109); 122 ff (130 f)

Mit Verena Kast die Lebensfreude einladen. © Verlag Herder GmbH, Freiburg im Breisgau 2006.: 8 ff. (8 ff);

Paare. Wie Phantasien unsere Liebesbeziehungen prägen. © Kreuz Verlag, Stuttgart 2009: 81 (190); 82 (189)

Sich wandeln und sich neu entdecken. © Verlag Herder GmbH, Freiburg im Breisgau 1996: 76 (185); 77 f (72f)

Trotz allem ich. Gefühle des Selbstwerts und die Erfahrung von Identität. © Verlag Herder GmbH, Freiburg im Breisgau 2003: 43 (207); 68 (209); 79 f (206); 88 f (192); 110 f (128); 113 (204)

Vom Sinn der Angst. Wie Ängste sich festsetzen und wie sie sich verwandeln lassen. © Verlag Herder GmbH, Freiburg im Breisgau 1996: 90 (214)

Vom Sinn des Ärgers. Anreiz zur Selbstbehauptung und Selbstentfaltung. © Kreuz Verlag, Stuttgart 2005: 48 f (205 f); 51 (207); 52 (32)

Was wirklich zählt, ist das gelebte Leben. Die Kraft des Lebensrückblicks. © Kreuz Verlag, Freiburg im Breisgau 2010: 11 (71 f); 12f (73f); 14f (72); 17 (74); 24f (75); 28ff (75f); 31f (79); 34f (144f); 36 (149); 37 (144f); 44 (80); 70f (83); 72f (84); 74f (85); 98 (111); 112 (102); 114f (72f)

Wenn wir uns versöhnen. © Kreuz Verlag, Stuttgart 2005: 46f (172f); 54f (58); 56 (18f); 57 (171 f); 59f (127f); 61 (67); 63 (93); 97 (58)

Kast, Verena in: Helga Egner (Hg.): Leidenschaft und Rituale. Was Leben gelingen lässt. Düsseldorf Walter-Verlag 1997 © Autorin: 118f (61 f); 120f (63f)

Verena Kast, geboren 1943, ist Psychotherapeutin, Dozentin und Lehranalytikerin am C. G.-Jung-Institut in Zürich, Vorsitzende der Internationalen Gesellschaft für Tiefenpsychologie und Autorin zahlreicher erfolgreicher Bücher. Zuletzt bei Kreuz: Was wirklich zählt, ist das gelebte Leben. Die Kraft des Lebensrückblicks.